Das Sutra über die Güte unserer Eltern

父母恩重难报经

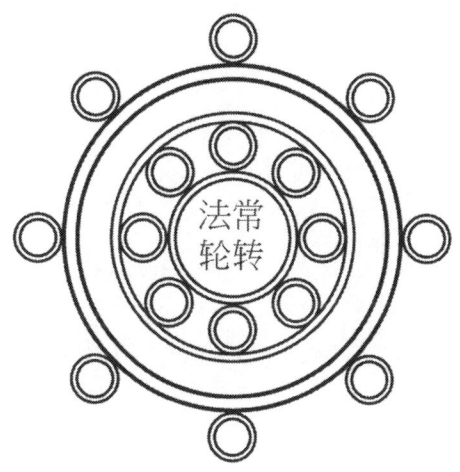

Chinesisch - Deutsch

Deutsche Übersetzung von
Shay Whar Liu Kroeber

ISBN Nr. 978-3-7345-6636-3 (Paperback)
ISBN Nr. 978-3-7345-6637-0 (Hardcover)
ISBN Nr. 978-3-7345-6638-7 (e-Book)

出版社 ： tredition, Hamburg, Germany | www.tredition.de
封面图画绘制 ： 刘雪华
封面和法轮设计 ： Katharina Joanowitsch & 刘 雪 华

谢谢 Brigitte Pönnighaus 协助德文校阅工作。
谢谢 Katharina Joanowitsch 的封面设计、排版 和校阅。

出版者联络网站：kassandraliu@yahoo.de

ISBN Nr. 978-3-7345-6636-3 (Paperback)
ISBN Nr. 978-3-7345-6637-0 (Hardcover)
ISBN Nr. 978-3-7345-6638-7 (e-Book)

Verlag: tredition, Hamburg, Germany | www.tredition.de
Abbildung Cover: Shay Whar Kröber
CoverDesign & Rad des Dharma: Katharina Joanowitsch, Shay Whar Kroeber

Ich danke Brigitte Pönnighaus fürs Korrektur-Lesen in deutscher Übersetzung, und Katharina Joanowitsch für die Bearbeitung für Cover, Layout, Satz und Korrektur-Lesen.

Herausgeberin Shay Whar Kroeber, E-Mail: kassandraliu@yahoo.de

前言一

父母恩重难报经是姚秦 (384－417) 三藏法师鸠摩罗什 (334-413) 从梵文译成中文。鸠摩罗什大师七岁随母出家，从小天资聪颖，而且博通世间和出世间法。公元401年至长安，当时皇帝姚兴待以国师之礼，聘请他在西明园中逍遥阁讲学和翻译经论。所译经论共有98部390余卷。

佛经用简洁的四字句，即"译经体"为行文主体。法师们希望经文易于读诵，将来能普及民众。即使到现代只要有一般中文程度的人都能轻易地理解唸诵。因为佛陀教育是不分贫富贵贱都可以学习的。

基于这样的理念，我恭敬地把这本父母恩重难报经从中文翻译成现代德文普通话。书的左面是当今中外通用的简字中文，字下面有拼音，右面是对照的德文翻译。

在此祝福读者们学佛法喜充满！

三宝弟子纱福合十
西元两千零一十六年八月于德国汉堡

Vorwort I

„Das Sutra über die Güte unserer Eltern" wurde von Tripitaka Meister Kumarajiva (334 – 413) in der Yao Qin Dynastie (384 – 417) vom Sanskrit ins Chinesische übersetzt. Der große Meister Kumarajiva war erst sieben Jahre alt, als er Mönch wurde. Der Meister war ein hochbegabter Mensch und sehr gebildeter Lehrer sowohl in weltlichem als auch in überweltlichem Wissen.

Im Jahr 401 kam er nach Chang An, der damaligen Hauptstadt, und wurde von dem Kaiser Yao Xing als Meister des Staats geehrt. Der Meister lehrte bis an sein Lebensende buddhistisches Dharma und hielt Vorträge in dem stilvollen Schulgebäude Xiao-Yao-Ge in Xi-Ming Garten, der von dem Kaiser extra für ihn zum Lehren und Arbeiten angelegt wurde. Und dort übersetzte er 98 Sutras aus insgesamt 390 Schriftrollen.

Die Sprache in Sutra wird hauptsächlich mit einfachen vier Wörtern, sogenannte „Yi-Jing-Ti" verwendet. Der Meister Kumarajiva hoffte, dass die Übersetzung für jedermann zugänglich und zu jeder Zeit verständlich sein sollte.

Mit dieser gleichen Überzeugung habe ich das Sutra mit Respekt und Freude vom Chinesischen in die moderne deutsche Sprache übersetzt.

Das Buch wird so gestaltet, dass auf der linken Seite der chinesische Text steht, und zwar in der zur Zeit in China und in anderen Ländern gebrauchten, vereinfachten chinesischen Schrift mit Pin-Yin versehen, und auf der rechten Seite steht die entsprechende deutsche Übersetzung. Deshalb ist das Buch für die Leute, die chinesische Sprache lernen möchten, auch interessant.

Ich wünsche den Lesern viel Freude, Gesundheit und Erfolg, was Sie sich auch wünschen, möge es in Erfüllung gehen!

Shay Whar Kroeber
Hamburg, Deutschland / August 2016

前 言 二

追求快乐健康和幸福的人生是我们大家的梦想吧？学习佛法是一个很好的途径。然而在我们成佛之前藉这个人身来修练，就像钻石多面被打磨光亮后才能放射出美丽耀眼的光芒。

人生活在社会中也是有多面的。有血缘关系的，我们是子女、孙子女、兄弟姐妹、亲戚、自己也当了父母、祖父母，无血缘关系的如朋友、同学、同事、生意伙伴、甚至于邻居、会员同伴等等。人海茫茫中能相遇相识就已经是很大的缘份。能成为父母子女关系的缘份又特别特别的深。而当子女和父母是我们人生到这世界上的第一种关系。能够把这种最基本的关系修好，然后再进而成就各层面的关系。这本"父母恩重难报经"当作参考，可以帮助我们了解为人父母的苦心进而培养当子女报恩的情操。因为知道感恩的人是有福报的。

佛家印光大师说"一分恭敬一分受用，十分恭敬十分受用。"也就是说对古人的智慧结晶有恭敬心，自己才能开智慧。敬请恭敬安置经书，不要带到不净的场所看。

在此祝福读者们学佛受益良多，法喜充满！
三 宝 弟 子 纱 福 合 十
西 元 两 千 零 一 十 六 年 八 月 于 德 国 汉 堡

Vorwort II

Gesund, glücklich und mit Freude leben, das ist wohl etwas, was wir uns alle wünschen, oder? Buddhistisches Dharma lernen ist einer von den vielen guten Wegen dorthin.

Denn bevor wir erleuchtet werden, vervollkommnen wir uns als Mensch mit dem Praktizieren vielseitiger Disziplinen, so wie Rohdiamanten auf vielen Facetten geschliffen werden, bis sie schließlich zu Diamanten im schönen Glanz erstrahlen können.

Wir leben in der Gesellschaft und haben viele Rollen. Blutsverwandt sind wir Kinder, Enkelkinder, Gebrüder, Geschwister, Onkel, Tante, wir sind selbst Eltern, Großeltern und ohne Blutsverwandtschaft sind wir Ehepartner, Freunde, Klassenkameraden, Kollegen, Geschäftspartner, als Nachbarn, Mitglieder in Vereinen usw.

Es besteht doch bestimmt eine unvorstellbar vorherbestimmte Verbindung, dass wir uns in diesem Menschenmeer begegnen und kennenlernen. Und zwischen Eltern und Kindern existiert sogar noch eine ganz besondere Schicksalhafte Fügung. Diese ist auch die aller erste Beziehung, die wir als Mensch, wenn wir auf dieser Welt geboren werden, eingehen.

Diese erste schicksalfügende Verbindung ist von großer Bedeutung für ein glükliches und erfolgreiches Leben. Wenn wir diese Beziehung gut pflegen können, ist sie eine gute Grundlage unseres Lebens. Dann gelingt es uns auch andere Beziehungen darauf aufzubauen.

„Das Sutra über die Güte unserer Eltern" ist eine wunderbare Referenz, die uns hilft, die Mühe und Hingabe unserer Eltern zu verstehen und die Wertschätzung ihnen gegenüber zu kultivieren. Denn die Menschen, die dankbar sind, sind vom Herzen aus glückliche Menschen.

Der buddhistische Meister Ying-Guang sagte:
„Wenn wir ein bißchen Respekt allem gegenüber zeigen, bekommen wir auch ein bißchen Respekt zurück; wenn wir allem eine große Menge Respekt entgegenbringen, bewirkt es, dass wir dann eine große Menge Respekt ernten."

Bitte behandeln Sie grundsätzlich umsichtig die Sutra Bücher!

Hiermit wünsche ich allen Lesern Gesundheit und Glück und dass Sie schließlich die höchste Erleuchtung erlangen können.

Shay Whar Kroeber
August 30, 2016 / Hamburg, Deutschland/ Erde/ Soha Welt

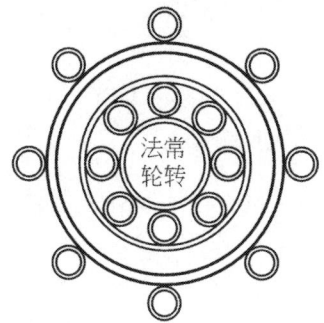

父母恩重难报经

姚秦三藏法师鸠摩罗什译

如是我闻：一时，佛在舍卫国祇树给孤独园，与大比丘二千五百人，菩萨摩诃萨三万八千人俱。尔时，世尊引领大众，直往南行，忽见路边聚骨一堆。尔时，如来向彼枯骨，五体投地，恭敬礼拜。

Das Sutra
über
Die Güte unserer Eltern

Übersetzt vom Sanskrit ins Chinesische von Tripitaka Meister Kumarajiva
in der Yao Qin Dynastie

Wie ich einmal gehört habe: Damals hielt Buddha Shakyamuni sich auf dem Anwesen Jetabaum- und Anatapindika-Garten im Lande Sravati auf, und er wurde von 2500 Großen Bhiksus und 38000 Großen Bodhisattvas begleitet.

Eines Tages führte der Welterhabener Meister alle Schüler in Richtung Süden. Plötzlich sahen sie einen Haufen Knochen am Straßenrand liegen. Tathagata warf sich sofort ehrfürchtig und respektvoll zu Boden vor dem Knochenhaufen.

阿难合掌白言：世尊！如来是三
界大师，四生慈父，众人归敬，
以何因缘，礼拜枯骨？

佛告阿难：汝等虽是吾上首弟子
，出家日久，知事未广。此一堆
枯骨，或是我前世祖先，多生父
母。以是因缘，我今礼拜。

佛告阿难：汝今将此一堆枯骨分

Ananda fragte Buddha händefaltend:

„Weltverehrter Meister, Sie, als Tathagata, sind der Große Meister von den Drei Lebensbereichen unserer Welt und der barmherzige Vater von allen Vier Arten des Lebewesens. Sie werden von allen verehrt und sind Zuflucht für alle. Aus welchem Grund beten Sie diese Haufen Knochen an?"

Buddha sagte Ananda:

„Obwohl ihr meine Schüler der obersten Klassen und auch lange zum Buddhismus bekehrt seid, ist euer Wissen doch noch nicht umfangreich genug. Diese Haufen Knochen könnten von meinen Vorfahren oder Eltern von mehreren vorherigen Leben sein. Daher huldige ich ihnen heute."

Buddha sagte weiter zu Ananda:

„Nun teilst Du diese Haufen Knochen in zwei auf. Wenn die Knochen von Männern sind, sind sie weiß und schwerer. Wenn die Knochen von Frauen sind, sind sie dunkel und leichter."

作二分，若是男骨，色白且重，
zuo er fen　　ruo shi nan gu　　se bai qie zhong

若是女骨，色黑且轻 。
ruo shi nü gu　　se hei qie qing

阿难白言：世尊！男人在世，衫
a nan bo yan　　shi zun　　nan ren zai shi　　shan

带鞋帽，装束严好，一望知为男
dai xie mao　zhuang shu yan hao　　yi wang zhi wei nan

子之身。女人在世，多涂脂粉，
zi zhi shen　　nü ren zai shi　　duo tu zhi fen

或薰兰麝 ，如是装饰，即得知是
huo xun lan she　　ru shi zhuang shi　　ji de zhi shi

女流之身。而今死后白骨一般，
nü liu zhi shen　　er jin si hou bai gu yi ban

教弟子等如何认得？
jiao di zi deng ru he ren de

Ananda fragte dann Buddha:

„Verehrter Meister, die Männer tragen zu ihren Lebzeiten Hemden, Gürtel, Schuhe und Hüte, sie kleiden sich würdevoll und fein. Man erkennt auf Anhieb, dass sie männlich sind.

Die Frauen benutzen zu ihren Lebzeiten meistens Schminke und Puder oder tragen Düfte von Orchideen und Moschus auf. Mit solcher Verzierung lässt sich sofort erkennen, dass sie weiblich sind. Und nun, nachdem sie gestorben sind, sehen die Knochen gleich aus.

Wie sollen wir, als Schüler, sie voneinander unterscheiden können?"

佛告阿难：若是男子，在世之时，入于伽蓝，听讲经律，礼拜三宝，念佛名号，所以其骨色白且重。世间女人，短于智力，易溺于情，生男育女，认为天职，每生一孩，赖乳养命，乳由血变，每孩饮母八斛四斗甚多白乳，所以憔悴，骨现黑色，其量亦轻。

阿难闻语，痛割于心，垂泪悲泣

Buddha sagte Ananda:

„Die Männer gehen zu ihren Lebzeiten in das Samgharama, nehmen am Unterricht über heilige Schrift und Gesetze teil, verehren die Buddhas, das Dharma und die Sanghas. Sie meditieren und rezitieren Buddhas Namen. Daher bleiben ihre Knochen weiß und relativ schwer.

Den normalen Frauen dagegen fehlt es meistens an geistiger Erziehung, sie verfallen leicht in Liebesgefühle und glauben fest daran, dass Kinder gebären ihre heilige Pflicht sei. Ein neugeborenes Baby wird von Muttermilch ernährt. Die Muttermilch wird aus dem Blut umgewandelt. Jedes Kind braucht durchschnittlich 840 Liter weiße Muttermilch.

Deshalb sehen die Mütter angegriffen aus. Daher sind die Knochen nach dem Tod dunkel und relativ leicht."

白言：世尊！母之恩德云何报答？

bo yan shi zun mu zhi en de yun he bao da

佛告阿难：汝今谛听，我当为汝

fo gao a nan ru jin di ting wo dang wei ru

分别解说。母胎怀子，凡经十月

fen bie jie shuo mu tai huai zi fan jing shi yue

甚为辛苦。在母胎时，第一月中

shen wei xin ku zai mu tai shi di yi yue zhong

，如草上珠，朝不保暮，晨聚将

ru cao shang zhu zhao bu bao mu chen ju jiang

来，午消散去。母怀胎时，第二

lai wu xiao san qu mu huan tai shi di er

月中，恰如凝酥。

yue zhong qia ru ning su

母怀胎时，第三月中犹如凝血。

mu huai tai shi di san yue zhong you ru ning xie

Als Ananda das hörte, weinte er bitterlich, es schmerzte ihn so sehr, als ob sein Herz von Messern erstochen worden wäre.

Er fragte Buddha dann:
„Verehrter Meister, wie können wir die Liebe unserer Mütter erwidern?"

Buddha sagte Ananda:
„Höre jetzt genau zu! Ich werde es Dir ausführlich erklären. Eine Mutter hat es in den zehn Monaten Schwangerschaft ziemlich schwer.

Im ersten Schwangerschaftsmonat ist der Embryo wie eine Perle Tau auf dem Gras, er erscheint am Morgen, löst sich beim Mittag auf, man weiß es nicht, ob er am Abend noch da ist.

Im zweiten Schwangerschaftsmonat ist der Embryo wie eine winzige Scheibe Butter.

母怀胎时，第四月中，稍作人形
mu huai tai shi　di si yue zhong　shao zuo ren xing
。母怀胎时，第五月中，儿在母
mu huai tai shi　di wu yue zhong　er zai mu
腹，生有五胞。何者为五？头为
fu　sheng you wu bao　he zhe wei wu　tou wei
一胞，两肘两膝，各为一胞，共
yi bao　liang zhou liang xi　ge wei yi bao　gong
成五胞。
cheng wu bao

母怀胎时，第六月中，儿在母腹
mu huai tai shi　di liu yue zhong　er zai mu fu
，六精齐开。何者为六？眼为一
liu jing qi kai　he zhe wei liu　yan wei yi
精，耳为二精，鼻为三精，口为
jing　er wei er jing　bi wei san jing　kou wei
四精，舌为五精，意为六精。
si jing　she wei wu jing　yi wei liu jing

Im dritten Schwangerschaftsmonat ist der Embryo wie ein Tropfen gerinnendes Blut.

Im vierten Schwangerschaftsmonat bekommt der Fötus erst ein bisschen menschliche Gestalt.

Im fünften Schwangerschaftsmonat kriegt der Fötus im Mutterleib fünf Zellkörper. Welche fünf? Der Kopf ist einer, zwei Ellenbogen und zwei Knie sind je einer, insgesamt fünf Zellkörper.

Im sechsten Schwangerschaftsmonat beginnen sich die sechs existenziellen Organe im Leben des Fötus zu bilden. Welche sechs Organe? Die Augen sind das erste, die Ohren sind das zweite, die Nase ist das dritte, der Mund ist das vierte, die Zunge ist das fünfte und das Bewusstsein ist das sechste.

母怀胎时，第七月中，儿在母腹，生成骨节，三百六十，及生毛孔，八万四千。母怀胎时，第八月中，出生意智，以及九窍。

母怀胎时，第九月中，儿在母腹，吸收食物，所出各质，桃梨蒜果，五榖精华。其母身中，生臟向下，熟臟向上，喻如地面，有山耸出，山有三名，一号须弥，

Im siebten Schwangerschaftsmonat erzeugt der Fötus im Mutterleib 360 Knochen mit Gelenken und 84000 Poren.

Im achten Schwangerschaftsmonat bekommt der Fötus das Bewusstsein und die Intelligenz und sein Körper bildet neun Öffnungen.

Im neunten Schwangerschaftsmonat nimmt der Fötus im Mutterleib allerlei Nahrung auf, so wie Pfirsiche, Birnen, Knoblauch, alle Früchte und den wichtigsten Nährstoff von fünf Getreidearten.

Er liegt im Mutterleib mit den Verdauungsorganen nach unten und den Ausscheidungsorganen nach oben, wie ein Berg, der aus dem Boden emporragt. Dieser Berg hat drei Namen: 1. Sumeru-Berg, 2. Karma-Berg, 3. Blut-Berg.

二号业山，三号血山。此设喻山，一度崩来，化为一条，母血凝成胎儿食料。母怀胎时，第十月中，孩儿全体一一完成，方乃降生。

若是决为孝顺之子，擎拳合掌，安祥出生，不损伤母，母无所苦。倘儿决为忤逆之子，破损母胎，扯母心肝，踏母跨骨，如千刀

Dieser metaphorische Berg stützt sich auf eine Strömung, in der die von Mutterblut umgewandelte Nahrung in den Fötus fließt.

Im zehnten Schwangerschaftsmonat sind alle Organe und Glieder des Babys erst vollständig gewachsen. Dann wird das Kind geboren.

Wenn das ein liebliches Kind sein will, wird es mit den beiden geballten Händen haltend friedlich geboren. Dadurch wird die Mutter nicht verletzt und leidet nicht an starken Schmerzen.

Wenn es jedoch ein ungehorsames Kind sein will, beschädigt es im Mutterleib die Gebärmutter, zupft die Mutter an Herz und Leber, und tritt die Mutter an den Beckenknochen.

Die Mutter fühlt sich, als ob sie von tausend Messern umgerührt würde oder sogar wie von zehntausend Klingen durchs Herz gebohrt würde."

搅，又仿佛似万刃攒心。

如斯重苦，出生此儿，更分析言，尚有十恩：第一、怀胎守护恩。第二、临产受苦恩。第三、生子忘忧恩。第四、咽苦吐甘恩。第五、迴干就湿恩。第六、哺乳养育恩。第七、洗濯不净恩。第八、远行忆念恩。第九、深加体恤恩。第十、究竟怜悯恩。

Also, die Mütter gebären Kinder unter großen Schmerzen.
Umfassend sind da zehn Gnaden zu erläutern:

1. Den Fötus beschützen während der Schwangerschaft
2. Das große Leiden bei der Geburt
3. Nach der Geburt den ganzen Schmerz zu vergessen
4. Schlucken selbst die Bitternis
    und geben den Kindern das Süße
5. Selbst in der Nässe liegen
    und den Kindern die Trockenheit bieten
6. Die Kinder stillen und pflegen
7. Baby stets sauber halten, Reinlichkeit bereiten
8. Sorgen um die Kinder, wenn sie später erwachsen
    werden, verreisen und von zu Hause weg sind
9. Empfinden für Kinder immer tiefe Sympathie
    und Mitgefühl
10. Unendliche Liebe und Zuneigung
    den Kindern gegenüber

第一、怀胎守护恩
di yi   huai tai shou hu en

颂曰：
song yue

累 劫 因 缘 重
lei jie yin yuan zhong

今 来 托 母 胎
jin lai tuo mu tai

月 逾 生 五 脏
yue yu sheng wu zang

七 七 六 精 开
qi   qi   liu jing kai

体 重 如 山 岳
ti zhong ru shan yue

动 止 劫 风 灾
dong zhi jie feng zai

罗 衣 都 不 挂
luo yi dou bu gua

装 镜 惹 尘 埃
zhuang jing re chen ai

32

Erstens –
Den Fötus während der Schwangerschaft
beschützen

Ein Loblied zeigt:

Durch starke Bindungen von unzähligen
Generationen bestimmtes Schicksal kommt nun
das Kind zum Mutterleib.
Nach einigen Monaten entstehen
die fünf Innenorgane.
Sieben Wochen später wachsen die sechs
lebenswichtigen Organe.
Das Gewicht des Fötus drückt wie ein Berg.
Jede Bewegung ist wie eine Sturmkatastrophe.
Sie zieht sich nicht mehr hübsche Kleider an.
Sogar der Frisierspiegel ist verstaubt.

第二、临产受苦恩
di er lin chan shou ku en

颂曰：
song yue

怀 经 十 个 月
huai jing shi ge yue

难 产 将 欲 临
nan chan jiang yu lin

朝 朝 如 重 病
zhao zhao ru zhong bing

日 日 似 昏 沉
ri ri si hun chen

难 将 惶 怖 述
nan jiang huang bu shu

愁 泪 满 胸 襟
chou lei man xiong jin

含 悲 告 亲 族
han bei gao qin zu

惟 惧 死 来 侵
wei ju si lai qin

Zweitens –
Das große Leiden bei der Geburt

Ein Loblied zeigt:

Nach zehn Monaten Schwangerschaft
kommt bald die schmerzhafte Geburt.
Jeden Morgen wie schwerkrank empfinden.
Tag für Tag sich wie benommen fühlen.
Wie schwer solche Ängste zu beschreiben.
Mit Tränen von Sorgen das ganze Herz füllen.
Traurig den Familienangehörigen sagen,
der Tod könnte herannahen.

第三、生子忘忧恩
di san sheng zi wang you en

颂曰：
song yue

慈母生儿日
ci mu sheng er ri

五脏总开张
wu zang zong kai zang

身心俱闷绝
shen xin ju men jue

血流似屠羊
xie liu si tu yang

生已闻儿健
sheng yi wen er jian

欢喜倍加常
huan xi bei jia chang

喜定悲还至
xi ding bei hai zhi

痛苦彻心肠
tong ku ce xin chang

Drittens –
Nach der Geburt
die ganzen großen Schmerzen vergessen

Ein Loblied zeigt:

Die Mutter fühlt sich am Tag der Geburt,
als wären alle fünf Innenorgane aufgerissen.
Physisch und Psychisch ist sie extrem belastet.
Denn sie blutet wie ein gerade geschlachtetes Schaf.
Jedoch, wenn sie hört, dass das Kind
wohlauf geboren ist, freut sie sich
und ist glücklicher als sonst.
Nach der Freude kehrt wieder
die Traurigkeit zurück.
Immer noch spürt sie den großen Schmerz
im ganzen Körper.

第四、咽苦吐甘恩
di si　　ye ku tu gan en

颂曰：
song yue

父母恩深重
fu　mu　en　shen　zhong

顾怜没失时
gu　lian　mo　shi　shi

吐甘无稍息
tu　gan　wu　shau　xi

咽苦不颦眉
ye　ku　bu　pin　mei

爱重情难忍
ai　zhong　qing　nan　ren

恩深复倍悲
en　shen　fu　bei　bei

但令孩儿饱
dan　ling　hai　er　bao

慈母不辞饥
ci　mu　bu　ci　ji

38

Viertens –
Schlucken selbst die Bitternis
und geben den Kindern das Süße

Ein Loblied zeigt:

Die Liebe der Eltern ist immens.
Nicht aufhören den Kindern Zuneigung
zu schenken.
Nicht aufhören das Süße zu geben.
Selbst nicht mal stirnrunzelnd
die Bitternis zu schlucken.
Solche Liebe ist schwer zurück zu halten.
Tiefes Mitgefühl und doppelt so großes Mitleid
im Herzen.
Nur der Wunsch, dass die Kinder satt werden.
Die Mütter selbst ertragen freiwillig den Hunger.

第五、回干就湿恩
di wu hui gan jiu shi en

颂曰：
song yue

母 愿 身 投 湿
mu yuan shen tou shi

将 儿 移 就 干
jiang er yi jiu gan

两 乳 充 饥 渴
liang ru chong ji ke

罗 袖 掩 风 寒
luo xiu yan feng han

恩 怜 恒 废 枕
en lian hen fei zhen

宠 弄 才 能 欢
chong nong cai neng huan

但 令 孩 儿 稳
dan ling hai er wen

慈 母 不 求 安
ci mu bu qiu an

Fünftens –
Selbst in der Nässe liegend den Kindern
Trockenheit bieten

Ein Loblied zeigt:

Die Mütter werfen sich freiwillig
in den nassen Dreck.
Bringen Kinder in die Trockenheit.
Die Brüste stillen hungrige Kinder.
Mit den Ärmeln schützen sie gegen die Kälte.
Ständige Zuwendung beraubt ihnen
nächtlichen Schlaf.
Denn die Kinder verwöhnen
bereitet ihnen viel Freude.
Sie wünschen nur, dass die Kinder sicher sind.
Für sich selbst verlangen sie keine Ruhe.

第六、哺乳养育恩
di liu bu ru yang yu en

颂曰：
song yue

慈 母 像 大 地
ci mu xiang da di

严 父 配 于 天
yan fu pei yu tian

覆 载 恩 同 等
fu zai en tong deng

父 娘 恩 亦 然
fu liang en yi ran

不 憎 无 怒 目
bu zen wu nu mu

不 嫌 手 足 挛
bu xian shou zu luan

诞 复 亲 生 子
dan fu qin sheng zi

终 日 惜 兼 怜
zhong ri xi jian lian

Sechstens –
Die Güte Kinder zu stillen und zu pflegen

Ein Loblied zeigt:

Die liebe Mutter ist wie die Erde.
Ein gewissenhafter Vater ist wie der Himmel.
Sie trägt und er beschützt.
Die Güte der Mutter und des Vaters ist
gleichsam groß.
Nie Abscheu gegenüber Kindern zu empfinden.
Keine Abneigung bei weichen und krampfenden
Gliedern.
Wenn die leiblichen Kinder einmal geboren sind,
werden sie Tag und Nacht wertschätzend
behandelt.

第七、洗濯不净恩
di qi xi zhuo bu jing en

颂曰：
song yue

本是芙蓉质
ben shi fu long zhi

精神健且丰
jing shen jian qie feng

眉分新柳碧
mei fen xin liu bi

脸色夺莲红
lian se duo lian hong

恩深摧玉貌
en shen cui yu mao

洗濯损盘龙
xi zhuo sun pan long

只为怜男女
zhi wei lian nan nü

慈母改颜容
ci mu gai yan rong

Siebtens –
Baby stets sauber halten

Ein Loblied zeigt:

Sie war eigentlich so schön
wie eine Hibiskus Blüte.
Mit gesundem Geist voller Lebenskraft.
Die Augenbrauen sind wie die frischen
grünen Weidenblätter.
Das Gesicht rötlich und schöner
als eine Lotusblüte.
Die ständige Umsorge für das Baby
lässt ihr das Jade-Gesicht verfärben.
Dauernd waschen und sauber halten
schaden ihrer Figur.
Alles nur für die Kinder, ob es Jungen
oder Mädchen sind.
Das Gesicht der liebenden Mutter altert geschwind.

第八、远行忆念恩

di ba　yuan xing yi nian en

颂曰：

song yue

死别诚难忍

si　bie cheng nan　ren

生离实亦伤

sheng li　shi　yi shang

子出矣山外

zi　chu guan shan wai

母忆在他乡

mu　yi　zai　ta xiang

日夜心相随

ri　ye　xin xiang sui

流泪数千行

liu　lei　shu qian hang

如猿泣爱子

ru　yuan　qi　ai　zi

寸寸断肝肠

cun cun duan gan chang

Achtens –
Sich Sorgen machen um die Kinder, wenn sie später
erwachsen sind und von zu Hause wegreisen

Ein Loblied zeigt:

Abschied nehmen beim Sterben
ist schwer zu ertragen.
Auch Trennung im Leben bereitet
tiefe Traurigkeit.
Kaum haben die Kinder den Bergpass verlassen,
vermisst die Mutter sie schon, als ob sie
in fernen Ländern seien.
Tag und Nacht begleitet sie sie im Herzen.
Tränen fließen mehr als tausende Rinnsale.
Wie die Affenmütter ihren geliebten Kindern
herzinnig nachweinten.
Bis die Leber und die Därme
in Stücke zerbrechen.

第九、深加体恤恩
di jiu shen jia ti xü en

颂曰：
song yue

父母恩情重
fu mu en qing zhong

恩深实难报
en shen shi nan bao

子苦愿代受
zi ku yuan dai shou

儿劳母不安
er lao mu bu an

闻道远行去
wen dao yuan xing qu

怜儿夜卧寒
lian er ye wo han

男女暂辛苦
nan nü zan xin ku

常使母心酸
chang shi mu xin suan

Neuntens –
Empfinden immer tiefe Sympathie
und Mitgefühl für die Kinder

Ein Loblied zeigt:

Die Güte der Eltern ist so groß.
Es ist sehr schwierig sie zu erwidern.
Sie tragen freiwillig die Leiden der Kinder.
Sie finden keine Ruhe, wenn sich die Kinder
überarbeiten.
Wenn die Kinder weit verreisen um zu studieren,
machen sie sich Sorgen, dass die Kinder sich
nachts nicht richtig zuzudecken wissen.
Wenn die Kinder, ob Junge oder Mädchen,
auch nur kurz anstrengend arbeiten müssen,
bereitet es der Mutter schon große Traurigkeit.

第十、究竟怜愍恩
di shi　　jiu jing lian min en

颂曰：
song yue

父 母 恩 深 重
fu　mu　en　shen zhong

恩 怜 无 歇 时
en　lian　wu　xie　shi

起 坐 心 相 逐
qi　zuo　xin　xiang zhu

近 遥 意 与 随
jin　yao　yi　yu　sui

母 年 一 百 岁
mu　nian　yi　bai　sui

常 忧 八 十 儿
chang you　ba　shi　er

欲 知 恩 爱 断
yu　zhi　en　ai　duan

命 尽 始 分 离
ming jin　shi　fen　li

Zehntes –
Unendliche Liebe und Mitleid für die Kinder

Ein Loblied zeigt:

Die Güte der Eltern ist immens.
Tiefe Liebe und Zuneigung
sind ununterbrochen.
Ständige Fürsorge im Alltagsleben.
Ob nahe oder weit verfolgen sie
sie mit Gedanken.
Auch wenn die Mutter hundert Jahre alt ist,
macht sich immer noch Sorgen
um das 80-jährige Kind.
Solche Liebe hört erst auf,
wenn das Leben zu Ende ist.

佛告阿难：我观众生，虽绍人品
fo gao a nan wo guan zhong sheng sui shao ren pin

，心行愚蒙，不思爹娘有大恩德
xin xing yu meng bu si die niang you da en de

，不生恭敬，忘恩背义，无有仁
bu sheng gong jing wang en bei yi wu you ren

慈不孝不顺。阿娘怀子，十月之
ci bu xiao bu shun a niang huai zi shi yue zhi

中，起坐不安，如擎重担，饮食
zhong qi zuo bu an ru qing zhong dan yin shi

不下，如长病人。月满生时，受
bu xia ru chang bing ren yue man sheng shi shou

诸痛苦，须臾产出，恐已无常，
zhu tong ku xu yu chan chu kong yi wu chang

如杀猪羊，血流遍地。受如是苦
ru sha zhu yang xie liu bian di shou ru shi ku

，生得儿身，咽苦吐甘，抱持养
sheng de er shen yan ku tu gan bao chi yang

育，洗濯不净，不惮劬劳，忍寒
yu xi zhuo bu jing bu dan qu lao ren han

Buddha sagte Ananda weiter:

„Wie ich die meisten Menschen beobachte, obwohl sie äußerlich die menschlichen Merkmale besitzen, sind sie doch ignorant und geblendet. Sie denken nicht an die große Güte ihrer Eltern, zeigen ihnen gegenüber keinen Respekt, vergessen ihnen Liebe und Verbundenheit zu erwidern, mangeln an Mitgefühl, erfüllen den Eltern gegenüber nicht die kindliche Pflicht, und zeigen ihnen keine gebührende Achtung.

Wie ich bereits geschildet habe, die Mutter bekommt keine Ruhe während der zehn Monate Schwangerschaft, ob beim Aufstehen oder Hinsetzen trägt sie eine schwere Last. Sie kann die Mahlzeit nicht genießen, ist appetitlos wie ein langjähriger Patient.

Nach zehn Monaten, bei der Geburt, leidet sie unter allen erdenklichen Schmerzen. Wenn das Kind endlich geboren ist, muss sie befürchten, dass der Tod immer nahekommt, so wie die Schweine und Schafe geschlachtet werden, das Blut sickert in die Erde.

忍热，不辞辛苦，干处儿卧，湿
处母眠，三年之中，饮母白血。

婴孩童子，乃至成年，教导礼义
，婚嫁营谋。备求资业，携荷艰
辛，勤苦百倍，不言恩惠。男女
有病，父母惊忧，忧极生病，视
同常事，子若病除，母病方愈。

如斯养育，愿早成人，及其长成

Unter großen Leiden bekommt sie endlich das Kind. Sie schluckt selbst das Bittere und gibt dem Kind das Süße. Sie trägt das Kind liebevoll in den Armen, ernährt und pflegt ihn. Sie scheut sich nicht vor harter Arbeit. Sie hält Kälte und Hitze aus. Sie lehnt nie ab, sich zu überarbeiten. Sie lässt das Kind im Trockenen liegen und liegt selbst in der Nässe.

Drei Jahre lang trinkt ein Kind weißes Blut von der Mutter. Vom Baby und Kleinkind an, bis zur Jungend und Erwachsen sein, bringt sie ihm Benehmen und Anstand bei. Ob es um Heirat oder Beruf geht, bereitet sie emsig die finanzielle Unterstützung vor, ohne sich über die mühsame Arbeit zu beschweren, nicht mal große Dankbarkeit zu verlangen.

Wenn ein Kind, ob Junge oder Mädchen, krank ist, macht dies den Eltern Angst und sie werden selbst auch krank von großen Sorgen, das ist wie selbstverständlich. Erst wenn das Kind wieder gesund ist, fühlt die Mutter sich wieder wohl.

反为不孝。尊亲于言，不知顺从，应对无礼，恶眼相视，欺凌伯叔，打骂兄弟，毁辱亲情，无有礼义。虽曾从学，不遵范训，父母教令，多不依从，兄弟共言，每相违戾。出入往来，不启尊堂，言行高傲，擅意为事。父母训罚，伯叔语非，童幼怜愍，尊人遮护，渐渐成长，狠戾不调，不伏亏违，反生嗔恨。弃诸亲友，

So ziehen die Eltern ihre Kinder langsam groß und hoffen, dass sie als anständige Menschen aufwachsen. Aber einige Kinder, wenn sie erwachsen sind, sind leider undankbar. Sie sind widerspenstig, nicht mal höflich den Eltern gegenüber und schauen die Eltern sogar mit Hass in den Augen an. Sie schikanieren die Onkel und beschimpfen und schlagen ihre Brüder, zerstören die Familienbeziehung, ohne Rücksicht auf Anstand und Verbundenheit zu nehmen. Obwohl sie in der Schule Regel und Unterweisung gelernt haben, befolgen sie sie keineswegs. Sie lassen sich nicht von den Eltern nacherziehen und widersetzen sich der brüderlichen Ermahnungen.

Wenn sie ihr Zuhause verlassen, verabschieden sie sich nicht von ihren Eltern. Wenn sie nach Hause kommen, begrüßen sie ihre Eltern auch nicht. Die Belehrung und Zurechtweisung von den Eltern und Onkel werden nicht beachtet. Die Älteren in den Familien nehmen sie oft wegen Kinderliebe und Zuneigung in Schutz.

朋 附 恶 人 ， 习 久 成 性 认 非 为 是 。
peng fu e ren　　xi jiu cheng xing ren fei wei shi

或 被 人 诱 逃 往 他 乡 ， 违 背 爹 娘 ，
huo bei ren you tao wang ta xiang　　wei bei die niang

离 家 别 眷 。 或 因 经 纪 ， 或 为 政 行
li jia bie juan　　huo yin jing ji　　huo wei zheng xing

， 荏 苒 因 循 ， 便 为 婚 娶 ， 由 斯 留
ren ran yin xun　　bian wei hun qu　　you si liu

碍 久 不 还 家 。 或 在 他 乡 ， 不 能 谨
ai jiu bu huan jia　　huo zai a xiang　　bu neng jin

慎 ， 被 人 谋 害 ， 横 事 钩 牵 ， 枉 被
shen　　bei ren mou hai　　heng shi gou qian　　wang bei

刑 责 ， 牢 狱 枷 锁 。 或 遭 病 患 ， 厄
xing ze　　lao yu jia suo　　huo zao bing huan　　e

难 萦 缠 ， 囚 苦 饥 羸 ， 无 人 看 待 ，
nan ying chan　　qiu ku ji lai　　wu ren kan dai

被 人 嫌 贱 委 弃 街 衢 ， 因 此 命 终 ，
bei ren xian jian wei qi jie qu　　yin ci ming zhong

Allmählich entwickeln sie sich zu solchen unbarmherzigen und widerwärtigen Menschen, die sich nicht nur „nicht schuldig" bekennen, sondern auch noch Groll und Hass in sich hegen. Sie kehren der Familie den Rücken zu und verbinden sich mit schlechten Menschen. Nach und nach halten sie die Bösen für richtig. Manchmal werden sie dazu verführt, sich den Eltern zu widersetzen, die Familien und Verwandten zu verlassen und in ein fremdes Land zu fliehen.

Es gibt manche, die Geschäfte führen oder in die Politik eintreten. Allmählich verfließt die Zeit, dann heiraten sie ohne Zustimmung der Eltern, werden dadurch verhindert, wieder nach Hause zurückzukehren.

Manche leben in fremden Ländern, aber sie sind nicht in der Lage sich selbst vor dem Bösen zu schützen, werden in gewaltsame Verbrechen verwickelt, und manchmal zu Unrecht beschuldigt und gefoltert, verurteilt, mit Hand-und Fußfesseln im Gefängnis festgehalten. Oder, manche werden von Krankheit geplagt, sind dauernd von Pech

无人救治，膨胀烂坏，日暴风吹
，白骨飘零，寄他乡土，便与亲
族欢会长乖，违背慈恩。不知二
老，永怀忧念，或因啼泣，眼暗
目盲。或因悲哀，气咽成病。或
缘亿子，衰变死亡。作鬼抱魂，
不曾割舍。

或复闻子，不崇学业朋逐异端，
无赖粗顽好习无益，斗打窃盗，

verfolgt, leiden ständig unter Hunger und sind abgemagert, werden nicht von Mitmenschen beachtet, ja sogar verachtet, und am Straßenrand liegend im Stich gelassen, und sterben schließlich ohne ärztliche Hilfe. Ihre Leichen sind Sonne und Wind ausgesetzt, schwellen, stinken und faulen im fremden Land zum Skelett. Sie sehen ihre Eltern, Familien und Verwandten nicht mehr lebend und enttäuschen leider die Erwartung der Eltern. Sie können die Liebe der Eltern nie mehr erwidern.

Sie wissen nicht, dass sich die alten Eltern zu Hause immer noch ihretwegen Sorgen machen, vielleicht blind wurden von zu viel traurigen Tränen oder schwerkrank von großer Verzweiflung oder weil sie ihre Kinder jahrelang vermissen, schnell altern und hinfällig werden, und plötzlich sterben. Sogar nach dem Tod als Geist können die Eltern es nicht übers Herz bringen, die Liebe und Umsorge für die Kinder aufzugeben.

Manchmal hören die Eltern, dass ihr Sohn in der Schule

触犯乡闾，饮酒梳蒲，奸非过失
带累兄弟，恼乱爹娘。辰去暮还
，不问尊亲，动止寒温，晦朔朝
暮，永乖扶侍，安床荐枕，并不
知闻。参问起居，从此间断，父
母年迈，形貌衰羸，羞耻见人，
忍受欺抑。

或有父孤母寡，独受空堂，犹若
客人，寄居他舍，寒冻饥渴，曾

nicht ordentlich lernt, sondern schlechten Freunden nachläuft, Krumme Sachen dreht, schädlichen Beschäftigungen nachgeht, z.B. streitet, prügelt, stiehlt, raubt, gegen ländliche Gesetze verstößt und sich Ketzerei anschließt, Alkohol trinkt, Glücksspiel betreibt, Verbrechen aller Arten begeht, mit jenen Sünden seine Gebrüder auch noch hineinzieht. All das bereitet den Eltern Kummer und Ärgernis.

Und manche verlassen morgens ihr Zuhause und kehren erst nachts zurück, ohne die Eltern zu begrüßen. Sie interessieren sich überhaupt nicht für den Zustand der Eltern, weder Tag noch Nacht. Ob ihnen kalt oder warm ist, nach Jahreszeitwechsel, ob sie gut schlafen können, ob ihnen das Bett und das Kopfkissen angenehm sind. Sie nehmen einfach nicht mehr an alltäglichen Leben ihrer Eltern teil. Die Eltern werden alt, schwach, hinfällig und krank, und schämen sich anderen Menschen gegenüber zu treten, sie halten dann schweigend alle möglichen Schikanen aus.

不知闻。昼夜常啼，自嗟自叹，
应奉甘脂，供养尊亲。若辈妄人
了无是事，每作羞惭畏人怪笑。
或持财食供养妻儿，忘厥疲劳，
无避羞耻。妻妾约束每事依从，
尊长嗔呵，全无畏惧。

或复是女，适配他人，未嫁之时
咸皆孝顺，婚嫁已讫不孝遂增。
父母微嗔，即生冤恨。夫婿打骂

Oder, es gibt Eltern, die verwitwet sind, die allein leben, oder einsam bei anderen Menschen als Untermieter wohnen, und unter Hunger, Durst, und Kälte leiden. Die Kinder kümmern sich nicht um sie. Diese betagten Eltern seufzen und jammern Tag und Nacht über ihr Schicksal, dass die Kinder ihnen keine Ehre schenken, und sie nicht umsorgen können. Solche unwissenden Kinder nehmen überhaupt keine Rücksicht auf die Eltern. Die Eltern schämen sich über solche Schande, und vor Spott und Tadel, so dass sie den anderen Menschen nicht in die Augen sehen können.

Einige Söhne versorgen unermüdlich ihre Frauen und Kinder mit Lebensunterhalt und vergessen schamlos ihre Eltern. Was ihre Frauen und Konkubinen sagen, befolgen sie immer. Was die Eltern und Familienälteren missbilligen, beachten sie nie.

Und manche Töchter sind noch lieb zu ihren Eltern bevor sie heiraten. Nach der Heirat wenden sie sich allmählich von den Eltern ab. Sie hegen schon Groll und Hass, wenn

忍 受 甘 心 。 异 姓 他 宗 情 深 眷 重 ，
ren shou gan xin　　yi xing ta zong qing shen juan zhong

自 家 骨 肉 ， 却 以 为 疏 。
zi jia gu rou　　que yi wei shu

或 随 夫 婿 ， 外 郡 他 乡 ， 离 别 爹 娘
huo sui fu xu　　wai jun ta xiang　　li bie die niang

， 无 心 恋 慕 ， 断 绝 消 息 ， 音 信 不
　wu xin lian mu　　duan jue xiao xi　　yin xin bu

通 ， 遂 使 爹 娘 ， 悬 肠 挂 肚 ， 刻 不
tong　　sui shi die niang　　xuan chang gua du　　ke bu

能 安 ， 宛 若 倒 悬 ， 每 思 见 面 ， 如
neng an　　wan ruo dao xuan　　mei si jian miao　　ru

渴 思 浆 ， 慈 念 后 人 ， 无 有 休 息 。
ke si jiang　　ci nian hou ren　　wu you xiu xi

父 母 恩 德 ， 无 量 无 边 ， 不 孝 之 愆
fu mu en de　　wu liang wu bian　　bu xiao zhi qian

die Eltern sie auch nur etwas streng anblicken. Dagegen ertragen sie willig Schimpf und Schläge von ihrem Mann. Sie tragen den Namen ihres Mannes und entwickeln tiefe Zuneigung und starke Abhängigkeit zu seinem Clan und distanzieren sich von ihren leiblichen Familien.

Manche Töchter folgen ihrem Mann in eine andere Stadt oder ein anderes Land. Sie nehmen Abschied von den Eltern und wenden sich von dem Elternhaus ab. Seitdem schreiben und hören sie nicht mehr voneinander. Daher sind die Eltern Tag und Nacht besorgt, als ob sie ständig mit dem Kopf nach unten in der Luft hängen. Die Eltern sehnen sich so sehr, die Töchter wieder zu sehen, so wie ein Durstiger sich nach Wasser sehnt. So vermissen die Eltern unendlich ihre Kinder.

Die Liebe der Eltern ist so unermesslich. Solche Vergehen gegenüber den Eltern kann ich jetzt nicht alle aufzählen."

卒 难 陈 报 。
zu nan chen bao

尔 时 ， 大 众 闻 佛 所 说 父 母 恩 重 ，
er shi   da zhong wen fo suo shuo fu mu en zhong

举 身 投 地 ， 捶 胸 自 扑 ， 身 毛 孔 中
ju shen tou di   chui xiong zi pu   shen mao kong zhong

悉 皆 流 血 ， 闷 绝 闭 地 ， 良 久 乃 苏
xi jie liu xie   men jue bi di   liang jiu nai su

， 高 声 唱 言 ： 苦 哉 ， 苦 哉 ！ 痛 哉
gao sheng chang yan   ku zai   ku zai   tong zai

， 痛 哉 ！ 我 等 今 者 深 是 罪 人 ， 从
tong zai   wo deng jin zhe shen shi zui ren   cong

来 未 觉 ， 冥 若 夜 游 ， 今 悟 知 非 ，
lai wei jue   ming ruo ye you   jin wu zhi fei

心 胆 俱 碎 。 惟 愿 世 尊 ， 哀 愍 救 援
xin dan ju sui   wei yuan shi zun   ai min jiu yuan

， 云 何 报 得 父 母 深 恩 ？
yun he bao de fu mu shen en

Als die Schüler hörten, was Buddha ihnen über die unermessliche Güte der Eltern erzählt hatte, warfen sich alle zu Boden, schlugen sich an die eigene Brust bis das Blut aus allen Körperporen drang, fielen ja sogar in Ohnmacht und lagen lange auf dem Boden.

Erst nach einer langen Weile wieder zu sich gekommen, riefen sie laut:
„Bitter! Bitter! Oh, weh! Oh, weh! Wir sind alle Sünder und haben selbst nichts gewusst, wie in der Dunkelheit wandernd ohne etwas zu merken. Erst jetzt geht uns endlich ein Licht auf, wie wir uns gegenüber unseren Eltern vergangen haben. Das lässt uns Herz und Galle von Traurigkeit zerbrechen.

Verehrter Meister, haben Sie Mitleid mit uns und helfen Sie uns! Bitte sagen Sie uns, wie wir die große Güte unserer Eltern erwidern können?"

尔时，如来即以八种深重梵音，告诸大众。汝等当知，我今为汝分别解说：假使有人，左肩担父右肩担母，研皮至骨，穿骨至髓，绕须弥山，经百千劫，血流没踝，犹不能报父母深恩。假使有人，遭饥馑劫，为于爹娘，尽其己身，脔割碎坏，犹如微尘，经百千劫，犹不能报父母深恩。假使有人，为于爹娘，手执利刀，

In jenem Moment sagte Buddha in der Stimme der Acht Großen Wunderbaren Eigenschaften zu allen:

„Nun, ich werde euch das ausführlich erklären. Wenn einer seinen Vater auf der linken Schulter und seine Mutter auf der rechten Schulter tragen würde, und sich dadurch von dem Gewicht bis auf die Knochen zerrieben würde, seine abgenutzte Schulter bis zum Knochenmark zu sehen wäre, und so um Sumeru Berg, hundert sogar tausend Kalpas lang kreisen würde, bis das Blut seine Ferse und Knöchel überflutet, könnte er die große Güte der Eltern noch nicht erwidern.

Wenn einer von einer großen Hungerkatastrophe betroffen würde, und sich dann aus seinem Körper für die Eltern Fleisch in Scheiben ausschneiden und mit seinem Äußersten tun bis zum feinen Staub zerfallen würde, und sich so hundert sogar tausend Kalpas lang bemühen würde, könnte er die große Güte seiner Eltern noch nicht erwidern.

剜其眼睛，献于如来，经百千劫，犹不能报父母深恩。

假使有人，为于爹娘，亦以利刀割其心肝，血流遍地，不辞痛苦经百千劫，犹不能报父母深恩。假使有人，为于爹娘，百千刀戟，一时刺身，于自身中，左右出入，经百千劫，犹不能报父母深恩。假使有人，为于爹娘，打骨

Wenn einer ein scharfes Messer in die Hand nehmen würde, um seine eigenen Augen herauszuschneiden, als Opfergabe für Buddha um Glück für seine Eltern zu erbitten, und sich bis hundert oder sogar tausend Kalpas lang hingeben würde, könnte er die große Güte seiner Eltern noch nicht erwidern.

Wenn einer sich mit einem scharfen Messer das Herz und die Leber bis Blut die Erde durchtränkt, für seine Eltern opfernd herausschneiden würde, solche Schmerzen hundert oder sogar tausend Kalpas lang aushalten würde, könnte er die große Güte seiner Eltern noch nicht erwidern.

Wenn sich einer zum Schutz seiner Eltern, freiwillig von hunderttausend Hellebarden gleichzeitig in den eigenen Körper von der linken Seite hinein, auf der rechten Seite wieder heraus und wieder umgekehrt erstechen lassen würde, und dies bis zu hundert oder sogar tausend Kalpas lang aushalten würde, könnte er die große Güte seiner Eltern auch noch nicht erwidern.

出髓，经百千劫，犹不能报父母
深恩。假使有人，为于爹娘，吞
热铁丸，经百千劫，遍身焦烂，
犹不能报父母深恩。

尔时，大众闻佛所说父母恩德，
垂泪悲泣痛割于心，谛思无计同
发声言，深生惭愧共白佛言：世
尊！我等今者深是罪人，云何报
得父母深恩？

Wenn sich einer wegen seiner Eltern das Knochenmark vom eigenen Körper von hundert bis zu tausend Kalpas lang ausschlagen lassen würde, könnte er die große Güte seiner Eltern noch nicht erwidern.

Wenn einer wegen seiner Eltern die heißen Eisenkügelchen schlucken müsste, bis zu hundert oder sogar tausend Kalpas lang, bis der eigene Körper verbrannt und verkohlt wäre, könnte er die große Güte seiner Eltern auch noch nicht erwidern."

In jenem Moment waren alle Schüler von Trauer überwältigt, nachdem sie von Buddha über die Güte der Eltern gehört hatten. Sie fingen bitterlich an zu weinen und grübelten nach einer Lösung der Wiedergutmachung und fanden keine.

Tief beschämt baten sie Buddha einstimmig:
„Verehrter Meister, wir haben alle unverzeihlich gesündigt. Bitte sagen Sie uns, wie wir die große Güte unserer Eltern erwidern können?"

佛告弟子：欲得报恩，为于父母
fo gao di zi   yu de bao en   wei yu fu mu

书写此经，为于父母读诵此经，
shu xie ci jing   wei yu fu mu du song ci jing

为于父母忏悔罪愆，为于父母供
wei yu fu mu chan hui zui qian   wei yu fu mu gong

养三宝，为于父母受持斋戒，为
yang san bao   wei yu fu mu shou chi zhai jie   wei

于父母布施修福。若能如是，则
yu fu mu bu shi xiu fu   ruo neng ru shi   ze

得名为孝顺之子。不作此行是地
de ming wei xiao shun zhi zi   bu zuo ci xing shi di

狱人。
yu ren

佛告阿难：不孝之人，身坏命终
fo gao a nan   bu xiao zhi ren   shen huai ming zhong

，堕于阿鼻无间地狱。此大地狱
duo yu a bi wu jian di yu   ci da di yu

76

Buddha sagte dann zu allen:

„Wenn ihr die große Güte eurer Eltern erwidern wollt, könnt ihr für die Eltern dieses Sutra niederschreiben, könnt ihr für die Eltern dieses Sutra laut lesen, könnt ihr eure Sünden bekennen, könnt ihr die Drei Buddhistischen Ehrwürdigen unterstützen, könnt ihr für die Eltern fasten und buddhistische Regeln einhalten, könnt ihr für Glück und Langlebigkeit eurer Eltern Almosen spenden.

Wenn ihr so etwas Gutes für eure Eltern tun könnt, würdet ihr als liebliche Kinder angesehen. Sonst könntet ihr in das Inferno fallen."

Buddha sagte weiter zu Ananda:

„Die undankbaren Kinder fallen nach dem Sterben in das ewige Inferno.

纵广八万由旬，四面铁城，周围罗网。其地亦铁，盛火洞然，猛烈火烧，雷奔电烁。烊铜铁汁，浇灌罪人，铜狗铁蛇，恒吐烟火，焚烧煮炙，脂膏焦然，苦痛哀哉，难堪难忍。钩竿枪矟，铁锵铁串，铁槌铁戟，剑树刀轮，如雨如云，空中而下，或斩或刺，苦罚罪人，历劫受殃，无时暂歇。又令更入诸余地狱，头带火盆

Dieses große Inferno ist 80000 Yojana lang und breit, alle vier Wände sind aus Eisen und von Netz umgeben. Der Boden ist auch aus Eisen, daraus brennen gewaltig lodernde Flammen. Donner rollt und Blitze schlagen heftig aus.

Den Sündern wird geschmolzenes heißes Kupfer und Eisen in den Schlund gefüllt. Kupferhunde und Eisenschlangen spucken ständig Feuer und Rauch und verbrennen die Sünder, die in eigenem Körperfett gebraten und gegrillt werden, bis sie verglüht und verkohlt sind. So unerträglich und so schmerzhaft!

Und es gibt noch Hakenstab, Speer, Bajonett, Eisenstange, Eisenspieß, Streitkeule, Hellebarde, Schwertgabel, Messerrad, die wie heftige Niederschläge im Gewitter von oben nach unten fallen, um die Sünder abzuhacken, abzuschlagen, abzustechen und abzuschneiden. So werden die Sünder Kalpa für Kalpa lang bitterlich bestraft, und werden nicht einmal eine kleine Weile geschont.

铁 车 碾 身 ， 纵 横 驶 过 ， 肠 肚 分 裂
tie che nian shen　　zong heng shi guo　　chang du fen lie

骨 肉 焦 烂 ， 一 日 之 中 千 生 万 死 。
gu rou jiao lan　　yi ri zhi zhong qian sheng wan si

受 如 是 苦 ， 皆 因 前 身 忤 逆 不 孝 ，
shou ru shi ku　　jie yin qian shen wu ni bu xiao

故 获 斯 罪 。
gu huo si zui

尔 时 ， 大 众 闻 佛 所 说 父 母 恩 德 ，
er shi　　da zhong wen fo suo shou fu mu en de

垂 泪 悲 泣 ， 告 于 如 来 ： 我 等 今 者
chui lei bei qi　　gao yu ru lai　　wo deng jin zhe

云 何 报 得 父 母 深 恩 ？
yun he bao de fu mu shen en

佛 告 弟 子 ： 欲 得 报 恩 ， 为 于 父 母
fo gao di zi　　yu de bao en　　wei yu fu mu

造 此 经 典 ， 是 真 报 得 父 母 恩 也 。
zao ci jing dian　　shi zhen bao de fu mu en ye

Dann werden die Sünder je nach Vergehen weiter in das übrige Inferno mit allen Arten von Strafe geschickt. Ihnen wird z.B. ein brennender Brattopf auf den Kopf gesetzt, sie werden von Eisenwagen kreuz und quer überfahren, bis der Darm und die Innereien aus dem Bauch platzen, Fleisch und Knochen verfaulen und verkohlen. All dies erleben sie tausend gar zehntausend Male an einem einzigen Tag.

Sie müssen solche schmerzhafte Folter erleiden, weil sie in vergangenen Leben ihren Eltern gegenüber lieblos und pietätlos waren, und sogar ihre Eltern getötet haben."

Als die Schüler von Buddha über die große Güte der Eltern gehört hatten, weinten alle traurig und fragten Buddha:
„Nun, wie können wir, so wie wir jetzt sind, die große Güte unserer Eltern erwidern?"

能造一卷，得见一佛，能造十卷，得见十佛，能造百卷，得见百佛，能造千卷，得见千佛，能造万卷，得见万佛。是等善人，造经力故，是诸佛等，常来慈护，立使其人，生身父母，得生天上，受诸快乐，离地狱苦。

尔时，阿难及诸大众、阿修罗、迦楼罗、紧那罗、摩侯罗伽、人

Buddha sagte dann allen Schülern:

„Wenn ihr wirklich die große Güte eurer Eltern erwidern wollt, könnt ihr dieses Sutra niederschreiben und herausgeben. Ein Band herauszugeben verschafft euch die Chance einem Buddha zu begegnen, zehn Bände zehn Buddhas, hundert Bände hundert Buddhas, tausend Bände tausend Buddhas, zehntausend Bände zehntausend Buddhas.

Solche Menschen mit gutem Willen dieses Sutra herauszugeben und es zu verbreiten, stehen ständig unter Schutz von Buddhas. Deren Eltern werden nach dem Tod im Himmel wieder geboren, genießen dann alle möglichen Arten und Weisen von himmlischem Glück und entfernen sich von den Leiden im Inferno.“

Nachdem Ananda und alle Schüler, Asuras, Garudas, Kinnaras, Mahoragas, also, Menschen und nichtmenschliche Lebewesen, Devas, Nagas, Yaksas, Gandharvas, die kleinen

非人等、天、龙、夜叉、乾闼婆、及诸小王、转轮圣王，是诸大众闻佛所言，身毛皆竖，悲泣哽咽，不能自裁，各发愿言：我等从今尽未来际，宁碎此身犹如微尘，经百千劫，誓不违于如来圣教。宁以铁钩拔出其舌，长有由旬，铁犁耕之，血流成河，经百千劫，誓不违于如来圣教。宁以百千刀轮，于自身中自由出入，

Himmelskönige und Cakravatirajas usw. das von Buddha gehört hatten, standen ihnen die Haare am ganzen Körper zu Berge, sie konnten sich kaum beherrschen und fingen schluchzend mit Schuldgefühlen und tiefer Trauer an zu weinen.

Dann schworen sie alle:
„Wir alle wollen von jetzt an bis in die Ewigkeit lieber unseren Körper über hundert oder sogar tausend Kalpas lang zu feinen Staub zerfallen lassen, als der weisen Lehre Tathagatas zuwider zu handeln.

Wir wollen alle lieber unsere Zunge mit Eisenhaken ein Yojana lang ausziehen, sie mit Eisenpflügen überpflügen lassen, und das Blut wie ein Fluss hundert und sogar tausend Kalpas lang fließen lassen, als der weisen Lehre Tathagatas zuwider zu handeln.

Wir alle wollen uns lieber unseren Körper von hunderttausend Messerrädern hinein und herausfahren lassen, als der weisen Lehre Tathagatas zuwider zu handeln.

誓不违于如来圣教。宁以铁网周
shi bu wei yu ru lai sheng jiao　ning yi tie wang zhou

匝缠身，经百千劫，誓不违于如
za chan shen　jing bai qian jie　shi bu wei yu ru

来圣教。宁以锉碓，斩碎其身，
lai sheng jiao　ning yi cuo dui　zhan sui qi shen

百千万段，皮肉筋骨悉皆零落，
bai qian wan duan　pi rou jing gu xi jie ling luo

终不违于如来圣教。
zhong bu wei yu ru lai sheng jiao

尔时，阿难从于坐中安祥而起，
er shi　a nan cong yu zuo zhong an xiang er qi

白佛言：世尊，此经当何名之？
bo fo yan　shi zun　ci jing dang he ming zhi

云何奉持？
yun he feng chi

Wir alle wollen lieber mit Eisennetz über hundert ja sogar tausend Kalpas lang den Körper umwickelt haben als der weisen Lehre Tathagatas zuwider zu handeln.

Wir alle wollen lieber unseren Körper mit Feile und Schäle in hundert, tausend, ja gar zehntausend Stücke zerschneiden lassen, bis Haut, Fleisch, Muskeln und Knochen über hunderttausend Kalpas lang verstreut sind, als der weisen Lehre Tathagatas zuwider zu handeln."

Dann stand Ananda ruhig und gelassen auf und fragte Buddha:
„Verehrter Meister, wie nennen wir dieses Sutra und wie wenden wir es an?"

佛告阿难：此经名为父母恩重难
fo gao a nan　　ci jing ming wei fu mu en zhong nan
报经。以是名字，汝当奉持。
bao jing　　yi shi ming zi　　ru dang feng chi

尔时，大众、天人、阿修罗等，
er shi　　da zhong　　tian ren　　a xiu luo deng
闻佛所说皆大欢喜，信受奉行作
wen fo suo shuo jie da huan xi　　xin shou feng xing zuo
礼而退。
li er tui

Buddha sagte Ananda:

„Wir nennen das Sutra
    – *Die große Güte unserer Eltern* –
Ihr solltet es wie bereits gesagt anwenden und praktizieren."

An jenem Tag waren alle Schüler und Himmelslebewesen, sowie die Asuras Gemeinde glücklich darüber, es von Buddha gehört zu haben.

Sie glaubten fest daran und entschieden sich, es dementsprechend zu praktizieren.

Dann verabschiedeten sie sich höflich von Buddha mit einer tiefen Verbeugung.

父母恩重难报经

三宝弟子纱福恭译 中文成德文

西元 2016 于德国汉堡,娑婆世界

Das Sutra
über
die große Güte unserer Eltern

Übersetzung aus dem Chinesischen ins Deutsche von
Miao Fu, Schüler der Drei Buddhistischen Juwelen
–   Buddha, Dharma und Sangha   –

2016 in Hamburg, Deutschland, Erde, Soha Welt

皈依佛
皈依法
皈依僧

Wir bekennen uns
zu der Lehre von den
Buddhas und den Bodhisattvas

释词

八种梵音：如来所得八种音声。

一、极好音，使人好道。

二、柔软音，使人喜悦入于律行。

三、和适音，佛居中道之理，音声能调和，使皆和融，自会于理。

四、尊慧音，佛德尊高，使人智解开明。

五、不女音，佛有世欲之德，其音声使敬异一切，天魔外道，无不归服。

六、不误音，佛智圆明，照了无谬，使闻者各各得正见。

七、深远音，佛声由脐而起，彻至十方，近闻非大，远闻非小，皆证甚深之理。

八、不竭音，佛音滔滔无尽，其响不竭，使能寻其语义得无尽常住之果。

比丘：义为乞士、破烦恼、净持戒、能怖魔者。出家为佛弟子，受具足戒的男僧人。

劫：长时或大时，就世界成住坏空而立之数量。
人寿自十岁，百年增一，而至八万四千，再由八万四千，百年减一，至十岁，如此一增一减为一小劫。二十小劫为一中劫。经成住坏空四期，共八十小劫为一大劫。

菩萨： 通称大士，发大心求道大觉之人，以利益众生为愿，在菩提道上能自利利他。

伽蓝：寺院，众僧修行所在之庭园。

祇树给孤独园：佛和弟子在舍卫国居住修行的园林。本为祇陀太子所有。须达多长者有意购买，建筑精舍来供养佛。祇陀太子戏言，须以黄金铺地五寸才卖。须达多长者许之。太子为其诚心所感，但却后悔答应卖地，想自建庭园供佛。长者不从，太子反称，只允卖地，地上的树木还是归他所有。最终以祇陀太子树和须达多园之名，一起修建祇园精舍供养佛。须达多义为给孤独，救济孤独者，所以称作祇树给孤独园。

三界：凡夫生死往来之世界。一、欲界，有淫欲饮食欲望的有情居住之地。二、色界，虽已离淫食二欲，仍有身体宫殿等精妙物质存在。三、无色界，此界无一色，无物质，无身体，亦无宫殿国土，唯以心识住于深妙之禅定中，此即无物质之世界。

舍卫国：在今印度西北部。佛在世时波斯匿王居于此。又名闻物国，富有国。

四生：一、胎生，如人类在母胎成体而后出生。二、卵生，如鸟类先产卵，在卵壳内成体后孵出而生。三、湿生，如虫类依湿而受形者。四、化生，无所依托，唯依业力而起者。如诸天与地狱及劫初众生皆是。

天龙八部：人和非人，即天、龙、药叉、干塔婆、阿修罗、迦楼罗、紧那罗、摩睺罗迦

天，光明自然清净，受最胜果报的天神。

龙，长身无足，有神力，能变化云雨。

药叉，勇健天人，能轻捷迅速飞行。

干塔婆，天上乐神，以香为食。

阿修罗，好战神，有天人福报却没有天人的品德，没有酒喝。

迦楼罗，金翅鸟，以龙为食，积身肉毒气，命终时发火自焚，以获重生。

紧那罗，天上歌神，
人形，头上有一角，似人非人，男的马首人身，女的美丽能舞。

摩睺罗迦，大蟒神，人身蛇首。

由旬：古印度计算里程之名目。古代帝王军队一日行军之里程。约今三十至四十公里。

转轮圣王：此王具有三十二相，即位时，由天感得轮宝现于空中，依其功德分金轮、银轮、铜轮、铁轮，轮王转其轮宝而降伏四方。又飞行于空中，故称飞行皇帝。

Begriffe

Die Acht Typen der Himmelslebewesen:

Devas : Gottheiten und Engel, helle Lichtgestalten, rein und natürlich, leben im Himmel

Nagas : Drachen mit Übermacht, beherrschen die Umwandlung von Wolken und Regen

Yaksas : mutige, kräftige Wesen, die sehr schnell fliegen können

Gandharvas : die Muse der Musik, nehmen Duft als Nahrung zu sich

Asuras : jähzornige Krieger, kämpfen gern; haben viel Glück im Himmel zu leben, benehmen sich jedoch schlecht, daher bekommen sie keinen Wein zu trinken

Garudas : Goldene Phönixe mit riesigen Flügeln, essen gern Drachen, daher sammelt sich Gift im Körper, verbrennen sich beim Sterben mit eigenem Innenfeuer zu Asche

Kinnaras : göttliche Sänger, haben menschliche Gestalt, besitzen ein Horn auf dem Kopf; Frauen können außer singen auch noch gut tanzen

Mahoragas : große Schlangengottheiten, mit Menschenkörpern und Schlangenkopf

Bhiksus (Bhiksunis) : Mönche und Nonnen, bekennen sich zum Buddhismus,die halten Ordensregeln ein, werden auch Edle Bettler, Sorgen-Beseitiger genannt; können Teufel einschüchtern

Bodhisattva : ein erleuchtetes Wesen oder jenes, das die Erleuchtung anstrebt, um allen Lebewesen zu helfen, sich vom Leiden des Samsaras zu befreien

Cakravatirajas : Könige des Himmels, besitzen 32 würdevolle Aussehen; beim Besteigen des Thrones erscheinen je nach dem Rang am Himmel Gold-, Silber-, Kupfer- oder Eisenräder, besiegen mit den drehenden Rädern die Welt; fliegen durch die Welt, die sie beherrschen und beaufsichtigen; werden deshalb auch Fliegender Kaiser genannt

Drei Lebensbereiche : die Welten, wo die gewöhnlichen Sterblichen wohnen, sterben und wiedergeboren werden
1. Die Welt mit Begierde, wo die Lebewesen noch Bedürfnisse nach Essen und sexuellen Begierden haben; so wie auf unserer Erde
2. Die Welt mit feinen Materien, wo die Lebewesen zwar keine Bedürfnisse mehr nach Essen und sexuellen Begierden haben, aber immer noch Körper besitzen und Paläste mit Gärten etc. aus feinen Materien bewohnen; wo die Himmelslebewesen wohnen
3. Die Welt ohne Begierde und Materien, es gibt in diesem Lebensbereich keine Körper und Paläste, nur der Geist existiert in tiefer Meditation

Jetabaum- und Anatapindika-Garten : ein Anwesen im Lande Sravati, Indien, wo sich Buddha Schakyamuni und seine Schüler zu ihren Lebzeiten aufhielten; das Land gehörte ursprünglich dem

Prinzen Jeta; der alte Herr Anatapindika wollte es abkaufen, um eine Villa zu bauen zur Ehrerbietung an Buddha; der Prinz scherzte, der Kaufpreis wäre, mit Gold fünf cm dick den ganzen Boden zu bedecken; der alte Herr tat es wirklich; der Prinz war von seinem Eifer und seiner Aufrichtigkeit sehr beeindruckt und wollte sein Verkaufsversprechen zurückziehen und selbst ein Schulhaus bauen; der alte Herr lehnte es ab; daraufhin bestand der Prinz, er hätte nur versprochen, das Land zu verkaufen, aber nicht die Bäume darauf; zum Schluß einigten sich die beiden Parteien, zusammen ein exquisites Schulhaus mit stilvoll angelegtem Garten für Buddha und seine Schüler zu errichten; dieser Garten wird daher Jetabaum-und Anatapindika-Garten genannt

Kalpa : das Zeitmaß des Universums; das Menschenleben von durchschnittlich zehn Jahren, je weitere hundert Jahren verlängert sich durchschnittlich das Lebensalter um ein Jahr mehr, bis zum durchschnittlichen Alter von 84000 Jahren; ab dann verkürzt sich das Menschenleben wieder je hundert Jahren um ein Jahr weniger, bis zum durchschnittlichen Alter von zehn Jahren, so ein Zyklus wird eine kleine Kalpa genannt; 20 kleine Kalpas machen eine mittere Kalpa; durch vier Perioden: Entstehen, Anhalten, Verfallen und Verschwinden bilden eine große Kalpa, also insgesamt 80 kleine Kalpas

Samgharama : Kloster oder Tempel, wo die Mönche zusammen alte Schriftrollen studieren, das Dharma lernen und meditieren

Sravati : eine Stadt in Nordwest Indien; zu Buddha Shakyamunis Lebzeiten regierte hier der König Pasenadi; Sravati bedeutet schön und groß

Stimme der Acht Wunderbaren Eigenschaften : ein Buddha, Tathagata, besitzt die Stimme der acht wunderbaren Eigenschaften:

1. Feinste Stimme, die einen zum Dharma lernen ermutigt;

2. Sanfte Stimme, die einen zum Selbstdisziplinen einhalten läßt;

3. Harmonische Stimme, die einen zum Goldenen Mittelweg leitet;

4. Weise Stimme, die einen offen und scharfsinnig werden läßt;

5. Aufrichtige Stimme, die alle, ob Himmelswesen oder Marapapiyas(dunkeles Wesen), zu Aufrichtigkeit ermutigt;

6. Korrekte Stimme, die allen zum klaren Blick anspornt;

7. Tiefe und weite Stimme, die weit und breit überall gleich laut zu hören ist, für die näheren Zuhörer nicht zu laut, für die entfernten Zuhörer nicht zu leise ist;

8. Unerschöpfliche Stimme, die alle Zuhörer nach der Bedeutung der ewigen Wahrheit zu suchen leitet

Vier Lebensarten :

1. Jarayuja, lebendgebärende, wie normale Menschen und
Säugetiere auf der Erde

2. Andaja, eierlegende, brütende, wie Vögel
3. Samsvedaja, in der Feuchtigkeit und Wärme entstehende
Lebensform, wie Insekten
4. Papaduka, durch Karma umgewandeltes Lebewesen,
wie Himmelslebewesen, Teufel und Wesen am Anfang der
Kalpa Zeit

Yoyana : altes indisches Entfernungsmaß; die Königstruppen in der
alten Zeit marschierten pro Tag ungefähr 30 – 40 Kilometer

参 考 经 书 和 善 书 名 单
Literaturliste

阿难问事佛吉凶经 – 后汉沙门安世高译 / 台北佛陀教育基金会印
/ Taipei,Taiwan

安士全书 – 清怀西居士周安士著述 / 台北佛陀教育基金会印
/ Taipei,Taiwan

大方广佛华严经 – 唐于阗国三藏沙门实叉难陀译 / 台北佛陀教育
基金会印 / Taipei,Taiwan

大方广圆觉修多罗了义经 – 唐罽宾沙门佛陀多罗译 / 台北佛陀教
育基金会印 / Taipei,Taiwan

大佛顶首楞严经 – 唐天竺沙门般剌密帝译 / 台北佛陀教育基金会印
/ Taipei,Taiwan

大乘妙法莲华经 – 姚秦三藏法师鸠摩罗什奉詔译 / 台北佛陀教育基
金会印 / Taipei,Taiwan

佛说阿弥陀经 – 姚秦三藏法师鸠摩罗什译 / 台北佛陀教育基金会印
/ Taipei,Taiwan

佛说大乘无量寿庄严请净平等觉经 – 菩萨戒弟子郓城夏莲居会集各
译 / 台北佛陀教育基金会 / Taipei,Taiwan

佛说观无量寿佛经 – 刘宋西域三藏法师畺良耶舍译 / 台北佛陀教育基金会印 / Taipei,Taiwan

佛说灌顶拔除过罪生死得度经 – 东晋天竺三藏帛尸梨蜜多罗译 / 台北佛陀教育基金会印 / Taipei,Taiwan

佛说药师如来本愿经 – 隋天竺三藏达摩笈多译 / 台北 佛陀教育基金会印 / Taipei,Taiwan

佛学大辞典 – 丁福保编 / 台北佛陀教育基金会印 / Taipei,Taiwan

佛学入门 – 佛陀教育基金会编印 / Taipei,Taiwan

佛学问答 – 李炳南居士著述 / 台北佛陀教育基金会印 / Taipei,Taiwan

感应篇彙编白话故事集 – 苏俊源编撰 / 台北佛陀教育基金会印 / Taipei,Taiwan

观世音菩萨普门品讲记 – 演培法师讲 / 台北佛陀教育基金会印 / Taipei,Taiwan

金刚般若波罗蜜经 – 姚秦三藏法师鸠摩罗什译 / 台北佛陀教育基金会印 / Taipei,Taiwan

了凡四训讲记/修福积德造命法 – 净空法师 讲述 / 台北佛陀教育基金会印 / Taipei,Taiwan

普贤大士行愿的启示 － 净空法师 讲述 / 台北佛陀教育基金会印 / Taipei,Taiwan

如何消业障菩提道上一帆风顺 － 台北佛陀教育基金会编印 / Taipei,Taiwan

生与死-佛教轮回说 － 陈兵 著 / 内蒙古人民出版社, 呼和浩特 / Mongorian

谈因 － 尤雪行居士编 / 台北佛陀教育基金会印 / Taipei,Taiwan

药师本愿经讲记 － 太虚大师著 / 台北佛陀教育基金会印 / Taipei,Taiwan

药师经疏钞择要 － 伯亭老人疏钞 . 普霖择要 / 台北佛陀教育基金会印 / Taipei,Taiwan

药师经析疑 － 弘一大师著 / 台北佛陀教育基金会印 / Taipei,Taiwan

药师经注辑 － 刘朗暄居士解 / 台北佛陀教育基金会印 / Taipei,Taiwan

药师琉璃光七佛本愿功德经 － 唐三藏法师义净译 / 台北佛陀教育基金会印 / Taipei,Taiwan

药师琉璃光如来本愿功德经 － 唐三藏法师玄奘译 / 台北佛陀教育基金会印 / Taipei,Taiwan

Buddha, sein Leben, sein Wirken, seine Lehre – Osho, übersetzt von Jochen Lehner / Lotos Verlag, München

Buddhismus für Dummies – Jonathan Landaw, Stephan Bodian / Wiley-VCH Verlag, Weinheim

Das Tibetische Buch vom Leben und vom Sterben – Sogyal Rinpoche / Fischer Taschenbuch Verlag, Frankfurt am Main

Das Wort des Buddha – Nyanatiloka / The Corporate Body of the Buddha Educational Foundation / Taipei, Taiwan

Die Mythen Asiens – Clio Whittaker, übersetzt von Wiebke Diederichs / Evergreen GmbH, Köln

Geheimnisse des Buddhismus – Tom Lowenstein / Gerstenberg Verlag, Hildesheim

Mit dem Herzen denken – Dalai Lama, aus dem Englischen von Sabine von Minden / Fischer Taschenbuch Verlag, Frankfurt am Main

Was die Seele krank macht & was sie heilt – Thomas Schäfer / Weltbild Verlagsgruppe GmbH, Steinerne Furt, Augsburg

Wenn der Körper Signale gibt, die psychotherapeutische Arbeit Bert Hellingers – Thomas Schäfer / Weltbild Verlagsgruppe GmbH, Steinerne Furt, Augsburg

A Pictorial Biography of Sakyamuni Buddha – Chinese-English, Original Illustration and Narration in Thai by Gunapayuta, Translation into Chinese by Bhiksu Jan Hai, Translation into English by Z.A.Lu / The Corporate Body of the Buddha Educational Foundation / Taipei, Taiwan

Brahma-Net Sutra, Moral Code of the Bodhisattvas – Sutra Translation Committee of the United States and Canada / The Corporate Body of the Buddha Educational Foundation / Taipei, Taiwan

Changing Destiny / Liaofan´s Four Lessons – Ven.Master Chin Kung / The Corporate Body of the Buddha Educational Foundation / Taipei, Taiwan

Heart Sutra – Translation by Master Lok To / The Corporate Body of the Buddha Educational Foundation / Taipei, Taiwan

Master Hsu Yun's Discourses and Dharma Words – Edited, Translated and Explained by Charles Luk / The Corporate Body of the Buddha Educational Foundation / Taipei, Taiwan

Medicine Buddha Sutra – Dharma Master Hsuan Jung by Minh Thanh & P. D. Leigh / The Corporate Body of the Buddha Educational Foundation / Taipei, Taiwan

Pure Land Pure Mind – Master Chu-Hung and Master Tsung-Pen, translated by J. C. Cleary / Sutra Translation Committee of the United States and Canada / New York, San Francisco, Toronto

Pure-Land Zen, Zen Pure-Land – Letters from Patriarch Yin Kuang, translated by Master Thich Thien Tam / Sutra Translation Committee of the United States and Cananda / New York, San Francisco, Toronto

The Sutra of Bodhisattva Ksitigarbha's Fundamental Vows – translation by Upasaka Tao-Tsi Shih / The Corporate Body of the Buddha Educational Foundation / Taipei, Taiwan

To Understand Buddhism – The Collected Works of Venerable Master Chin Kung / The Corporate Body of the Buddha Educational Foundation / Taipei,Taiwan /
http://www.budaedu.org
E-Mail:budaedu@budaedu.org

Zeitfracht Medien GmbH
Ferdinand-Jühlke-Straße 7
99095 Erfurt, Deutschland
produktsicherheit@kolibri360.de